EXPANDIR
Los 7 pasos fundamentales para hacer crecer tu negocio

Wayne Fox

Si bien se han hecho todos los intentos para verificar la información proporcionada en esta publicación, el autor no asume ninguna responsabilidad por errores, omisiones o interpretaciones contrarias del tema aquí tratado.

Este libro es sólo para fines de entretenimiento. Las opiniones expresadas son responsabilidad exclusiva del autor y no deben tomarse como instrucciones u órdenes de expertos. El lector es responsable de sus propias acciones.

El cumplimiento de todas las leyes y regulaciones aplicables, incluidas las licencias profesionales internacionales federales, estatales y locales, las prácticas comerciales, la publicidad y todos los demás aspectos de hacer negocios en los EE. UU., Canadá, el Reino Unido o cualquier otra jurisdicción es responsabilidad exclusiva del comprador o lector.

El autor no asume ninguna responsabilidad u obligación alguna en nombre del comprador o lector de este material.

Cualquier desaire percibido hacia cualquier individuo u organización es puramente involuntario. A veces utilizo enlaces de afiliados con el contenido del libro. Esto significa que al realizar una compra recibiré una comisión de venta. Esto, sin embargo, no significa que mi opinión esté a la venta. Todos los enlaces de afiliados que figuran en el libro son los servicios y productos que he utilizado y que he encontrado

útiles. El lector o comprador debe hacer su propia
investigación. antes de realizar una compra en línea.

Contenido

Introducción

¿Sabías que el 90% de las empresas emergentes fracasan en los primeros cinco años?

Una realidad fundamental en la economía actual es que una empresa debe crecer o morirá. Si su negocio apenas se mantiene a flote, ¡debe considerar cambiar ahora! Inyéctale algo de energía y vida, o eventualmente le cerrarás la puerta por última vez.

El título de este libro dice que te mostraré los 7 pasos fundamentales para hacer crecer tu negocio. A medida que lo guío a través del libro, emprenderemos un viaje, analizando estas 7 áreas con mucho más detalle y discutiendo las opciones disponibles para nosotros una por una.

Escribí este libro porque hubo un momento anterior en mi carrera en el que busqué respuestas que no estaban disponibles a menos que decidiera contratar consultores comerciales. Estas personas eran caras y, para las pequeñas empresas, es un gasto costoso del que pueden prescindir. Entonces, sin dinero para consultores, ¿cómo podría hacer avanzar su negocio?

Aprendí todo lo que sé a base de prueba y error: veinte años de mi propia experiencia directa y alrededor de cincuenta años de conocimientos transmitidos por la experiencia de mis padres y abuelos en el mundo empresarial.

Las cosas que funcionaron, las usé de nuevo, y las que no, las dejé o modifiqué hasta que funcionaron.

En este libro, obtendrá una combinación de 160 años de experiencia empresarial de personas que la han vivido al máximo, han hecho crecer múltiples empresas desde pequeñas y medianas empresas locales hasta grandes empresas que operan a nivel nacional e incluso internacional, y la mayoría de ellas crecido con un presupuesto relativamente pequeño y cubriendo múltiples industrias.

Transmitirle esta experiencia por muy poco costo es probablemente una de las mejores inversiones que jamás hará para usted y su negocio.

¿Qué tienes ya?

Antes de que pueda comenzar cualquier fase de crecimiento en su negocio, primero es importante dar un paso atrás en el día a día y hacer un balance de lo que ya tiene.

Muchas empresas intentan crecer cuando no están realmente preparadas. Quizás el propietario gane un contrato "único", logre entregarlo exitosamente, pero luego crea que puede duplicar ese éxito en múltiples proyectos a la vez. El crecimiento empresarial tiene que ser un crecimiento empresarial sostenible. Tenga en cuenta que cuando hablamos de crecimiento empresarial sostenible, no nos referimos a ser "verde" o "ecológico", ni a ser respetuoso con el medio ambiente. El crecimiento empresarial sostenible significa un crecimiento que puede seguir construyendo, un crecimiento que no desaparece después de completar una venta en particular o un solo proyecto.

Eso es el crecimiento empresarial. Pero su negocio sólo puede crecer cuando sabe lo que ya tiene y luego lo perfecciona.

Si se toma el tiempo para observar las empresas locales en su área, notará que una pequeña cantidad de estas empresas crecen en tamaño.

Esto es particularmente cierto en el caso de las empresas de servicios, ya que son más notorias debido a su escala, con sus vehículos y su personal más visibles para el público en general. Este fenómeno probablemente sea más notorio fuera de la ciudad. Quizás vea crecer una empresa de dos o tres personas hasta convertirse en una empresa de ocho a nueve personas con relativa rapidez. A partir de este punto, pueden suceder una de tres cosas, dependiendo de cómo se esté gestionando el negocio y cómo se haya configurado a partir del crecimiento.

- El negocio crece y luego cierra por quiebra.
- El negocio vuelve a ser lo que era antes en menos de dos años
- El negocio sigue creciendo.

El evento más común es la quiebra. Esto se debe a que la empresa no cuenta con los recursos necesarios para lograr un crecimiento sostenible.

Dependiendo de la propia experiencia de los dueños de negocios, a menudo obtienen trabajo antes del crecimiento, y ese trabajo puede que solo alcance el punto de equilibrio en términos de niveles de ganancias, pero el dueño no lo sabe porque simplemente asume que sus niveles de precios son correctos.

A medida que el negocio crece, necesita niveles adicionales de gastos generales para mantenerlo en funcionamiento, los supervisores necesitan gestión y los gerentes necesitan dirección. Si tiene inversores externos, ellos querrán disponer de recursos adicionales para supervisar a los propietarios/la alta dirección, lo que aumenta los costes de funcionamiento de la empresa y reduce aún más las ganancias.

Si ese crecimiento se construye sobre el mismo nivel de precios que el crecimiento previo, sin ninguna inversión adicional para gastos generales y supervisión adicional, los propietarios trabajarán las veinticuatro horas del día o la empresa perderá dinero desde el primer día de crecimiento. período.

A menudo, cuando una empresa consigue inversión externa para crecer, incorporará el equipo necesario para lograr un crecimiento rápido. Esto está bien porque el negocio está configurado para mantenerse al día con ese crecimiento, pero necesitará alcanzar esos objetivos de crecimiento rápidamente. De lo contrario, perderá dinero por cada día que no los cumpla. Por un lado, esta es una forma rápida de hacer crecer el negocio si es un modelo probado y los clientes están listos para comprar. Pero también conlleva un mayor riesgo.

¿Qué pasa si el negocio no cumple con sus expectativas de crecimiento?

¿Los inversores le darán más dinero?

¿Cuánto tiempo puedes permitirte seguir sin alcanzar tus cifras de crecimiento?

Si sus cifras de crecimiento se basan en un crecimiento incremental a lo largo de un período de tiempo, pero ha bajado, digamos, un 10 % en el período 1, continuar en el mismo nivel le hará bajar un 20 % o más en el período 2. Si Hemos creado el equipo senior para gestionar sus expectativas de crecimiento del período 2, pero sus objetivos han bajado un 20 % y sus costos de funcionamiento son un 20 % (o más) más altos de lo que esperaba. ¿Cómo compensará ese déficit?

Su respuesta podría ser que no contratará los niveles de personal del período 2 si no ha alcanzado sus objetivos. Eso está muy bien, pero en realidad reclutarás a estas personas mucho antes de que las necesites. Se necesita tiempo para encontrar a las personas adecuadas; el mando medio medio tarda entre tres y seis meses en contratar, y un directivo superior puede tardar hasta un año.

Cuanto más alto se asciende en la cadena alimentaria, más difícil es encontrar candidatos adecuados, y todas estas personas tienen que trabajar con un período de preaviso con sus empleadores actuales. Esto significa que para reclutar personal para el período 2, dependiendo de la duración de cada período, es posible que deba buscar y entrevistar candidatos desde el primer día de su fase de crecimiento.

¿Cómo cubrirá los costos objetivo no alcanzados? ¿Le darán los inversores los fondos para cubrir los "malos costos" o simplemente reducirán sus pérdidas y abandonarán el negocio? Una opción podría ser agregar el costo adicional a su línea de servicios/productos, pero ¿cómo le ayudaría agregar un 20% a sus precios existentes a alcanzar sus objetivos? Es más probable que aumente drásticamente su déficit para el período actual.

Una alternativa a este método de crecimiento rápido es ralentizarlo un poco y simplemente asumir el equipo a medida que crece. Esto puede provocar una sensación de "extinguir incendios"; A medida que el negocio tiene problemas, casi parece que está creciendo antes de contratar a las personas para gestionar ese crecimiento. También es una forma mucho más lenta de hacer crecer el negocio.

Como mencioné anteriormente, hay que tener en cuenta los plazos que implica la contratación de candidatos adecuados. Si no recluta hasta que tenga una necesidad sólida de esa persona, lo más probable es que cuando ese candidato comience, usted también necesite a otra persona. Cada opción puede tener sus propios dolores de cabeza y frustraciones.

Mi recomendación es que utilices una combinación de ambas opciones si tienes los recursos económicos para hacerlo. Esto podría significar que contrate para cualquier puesto, en particular el de gestión, un par de meses antes de que sea necesario. Esto significará un costo para el negocio, pero tendrá a esa persona lista para comenzar en lugar de estar siempre persiguiéndolo. Yo mismo he usado esta opción en empresas anteriormente.

Otra razón del fracaso en el crecimiento es que cuando una empresa crece recluta gente nueva para satisfacer esa demanda adicional.

A menudo, la obtención de recursos para ese crecimiento no está planificada, por lo que la contratación es lo último que se debe hacer.

Esto significa que el nuevo personal se pone a trabajar desde el primer día con muy poca formación sobre cómo hace las cosas la empresa. Lo más probable es que la empresa cuente con pocos o ningún procedimiento de orientación para el nuevo personal. Entonces, cuando las cosas van mal, los propietarios culpan al nuevo personal y se preguntan por qué no pueden encontrar ningún buen personal. Al utilizar una combinación de capacitación y tutoría, la mayoría del personal debería realizar el trabajo con éxito.

Un punto a tener en cuenta para hacer esto bien es capacitar a su equipo existente para que se conviertan en embajadores de la forma correcta de hacer las cosas. A medida que el negocio crece, capacite al personal existente para que capacite al nuevo personal sobre cómo hacer las cosas. Es posible que ya encuentres algunas personas naturalmente fuertes en el negocio.

Quizás identifique a estas personas como aquellas que tienen opiniones firmes sobre cómo se hacen las cosas. Si se las deja solas, estas personas pueden dañar el negocio. Sin embargo, si los utiliza a su favor y los capacita sobre cómo desea realizar las tareas, es posible que tenga un líder muy fuerte y alguien que pueda enseñar eficazmente a otros cómo se debe realizar un proceso.

El uso de este método de delegación reduce las aportaciones de los propietarios, con solo un proceso de auditoría del personal cada pocos meses, o quizás por contrato. Sabrá qué frecuencia es mejor para su negocio y puede ser un caso de prueba y error dependiendo de cuánto intervenga para resolver los problemas.

Todas las empresas necesitan crecer. Piénselo como un automóvil. Usted conduce su automóvil, tiene un pedal de GO y un pedal de STOP. Si no pisas el pedal GO, estás desacelerando.

Al final te detendrás y en ese momento el coche se detendrá. Puedes decidir a qué velocidad va tu coche variando la presión que pones en el pedal

GO, pero lo más importante es que estés pisando el pedal GO.

Al presionar el pedal GO, el automóvil necesita combustible (es decir, sus recursos, clientes e inversión), pero cuanto más rápido va, más terreno cubre. Es lo mismo en tu negocio. Continúe impulsando el negocio o se paralizará.

Para ampliar aún más esta metáfora, imagine su negocio como una carrera de autos. Los otros coches en la pista son tus competidores. Si reduce la velocidad, lo alcanzarán y le quitarán más participación de mercado. Sólo hay un número limitado de clientes que puedes tener sin crecer.

Si pudieras participar en varias carreras, podrías ir lentamente en todas ellas, pero al menos estarías ganando impulso en cada una. Siga impulsando su negocio y gane más terreno que sus competidores.

Hacer crecer un negocio puede significar aumentar las ventas/beneficios, o podría significar aumentar los canales de ventas, las ubicaciones, el número de personal o nuevos productos o servicios.

Crecer no tiene por qué ser el duro y rápido crecimiento de las ventas que generalmente consideramos crecimiento empresarial. Podría ser simplemente el proceso de evolución. Cuando hablamos de personas que crecen como parte de un proceso de aprendizaje, no nos referimos al crecimiento físico, como a hacerse más altos o más gordos. Estamos hablando de crecer o evolucionar internamente.

Muchos consultores de negocios hablan de que una empresa necesita sistemas implementados para poder crecer. Esta es una parte importante del crecimiento de una empresa, pero constituye sólo una parte del proceso de crecimiento. Considere una empresa con todos los sistemas imaginables, pero sin canales de venta. He visto que esto le sucede a algunas empresas.

Imagínese una pequeña tienda en la calle principal. Es difícil para esa empresa crecer en tamaño físico sin una inversión importante (ampliarse a la tienda de al lado o agregar varios pisos).

Tal crecimiento conlleva factores de riesgo extremadamente altos, ya que la empresa tiene que duplicar su volumen de ventas de la noche a la mañana sólo para pagar ese espacio adicional. Sin considerar las oportunidades de crecimiento virtual en línea para un negocio minorista, aún es posible que el negocio crezca sin alquilar espacio adicional, algo que veremos en capítulos posteriores.

Entonces, ¿qué tienes ya? Repasemos lo esencial.

El modelo de negocio

- ¿Cuál es su modelo de negocio?
- ¿Cómo llega la empresa a sus clientes?
- ¿Cómo genera dinero la empresa?

Veamos como ejemplo un modelo de negocio típico de una panadería. Quizás la panadería generalmente hornea el producto y luego lo entrega a varios revendedores, o quizás incluso a pequeños supermercados. Podría ganar dinero con cada unidad vendida por los revendedores, o podría actuar únicamente como proveedor del revendedor (como un mayorista) y recibir el pago contra entrega.

Su modelo de negocio abarca todo el proceso empresarial de principio a fin. No tiene por qué ser único; hay múltiples empresas imitadoras, particularmente en la industria de servicios, y eso está bien. No tiene sentido reinventar la rueda si funciona.

En resumen, para conocer o perfeccionar tu modelo de negocio necesitas saber:

- ¿Quiénes son sus clientes?
- ¿Cómo se crea valor para esos clientes?
- ¿Cómo llega a esos clientes tanto en términos de entrega como de ventas?
- ¿Cómo gestionas al cliente?
- ¿Cómo se gana dinero y cuáles son sus fuentes de ingresos?
- Qué recursos necesitas?
- ¿Cuándo necesitas esos recursos?
- ¿Dónde necesitas esos recursos?
- ¿Qué sistemas y procesos necesita implementar para realizar ese proceso de manera eficiente?
- ¿Cómo obtienes recursos para tu negocio?
- ¿Subcontratas, eres socio o ¿Emplear al personal directamente?

- ¿Cuáles son sus costos directos e indirectos?
- Cual es tu cubrir los gastos ¿punto?
- ¿Qué márgenes de beneficio obtiene y cuánto por cada producto/servicio?
- ¿Cuánto puede permitirse el lujo de reducir sus márgenes en caso de que comience una guerra de precios con un competidor?

El porque

¿Por qué creaste tu negocio?

¿Por qué un cliente debería comprarle a usted en lugar de a un competidor?

Esto podría tener un significado más profundo que simplemente servir a un cliente y recibir un pago por hacerlo. Quizás tenga planes de mejorar la industria.

Considere sus propias pasiones. Si has leído mi primer libro de la serie... *'SEMILLA: Los 7 pasos fundamentales para emprender tu propio negocio'*, sabrás que hablo de iniciar un negocio basado en tus pasiones. Debo agregar que esas pasiones deberían ser algo que genere dinero, y usted debe posicionar el negocio de tal manera que pueda disfrutar de su pasión, pero aun así ganar dinero.

El mismo consejo es relevante aquí también. Si no te apasiona tu negocio o las razones para hacerlo, deberías cambiarlo, o cambiar las razones para hacerlo. Terminará con una empresa que tiene una misión real, una que puede capacitar a su personal para que la apoye y la acepte a diario.

Podrías seguir las reglas de este libro y hacer crecer tu negocio diez veces su tamaño actual. Pero sin tener la pasión o un "por qué", probablemente te sentirás vacío.

Yo mismo he estado en esta situación y conozco a algunos otros emprendedores que también lo han hecho. Personalmente me sentí perdido y me faltaba algo en mi vida. Sin pasión, nunca te sientes realmente completo, y muchos empresarios a menudo sienten lo mismo, a menudo salen a comprar artículos materiales con la esperanza de llenar ese "vacío" interior, pero, por supuesto, nunca logran encontrar esa pieza que falta.

Como último punto de esta sección, también puede vincular su "por qué" con el PVU (punto de venta único) de su empresa. Esto es precisamente lo que hace que un cliente lo elija a usted sobre sus rivales.

Los canales de venta

¿Cómo llega actualmente a sus clientes objetivo para lograr ventas?

¿Qué técnicas de marketing utilizas?

Para esta sección, quiero que revise su libro de ventas de los doce meses anteriores. Intente comprender de dónde viene cada cliente y cómo llegó a conocer su negocio. Si su negocio se basa en servicios, esto debería ser bastante fácil de hacer. Puede ser un poco más difícil si su empresa es un minorista importante; Es posible que tengas que investigar un poco o comenzar ahora a monitorear de dónde provienen los clientes durante los próximos doce meses aproximadamente.

Su investigación podría llevarlo a un descubrimiento sorprendente. Quizás sus clientes lo encontraron a través de una campaña de correo directo, el evento benéfico local para recaudar fondos que usted patrocinó, o tal vez fue a través de su sitio web a través de un anuncio de pago por clic en Google.

Enumérelos todos. Si es posible al lado de cada uno, identifique el costo de cada uno. Por ejemplo, digamos que expuso en una feria comercial. Su costo fue de $500 en honorarios de exhibición, $300 en costos de personal y $200 en folletos. Por lo tanto, el costo total de exhibición fue de $1000, por lo que obtuvo 10 clientes del evento y quizás 100 clientes potenciales. Puede dividir esto en un costo de $100 por cliente y $10 por cliente potencial.

En esta etapa, asegúrese de incluir en sus cálculos los costos de mano de obra directa, así como otros gastos en los que haya incurrido en cada punto. Se podría calcular que envió por correo directamente 2000 clientes potenciales, con un costo de material muy pequeño, pero a su personal le tomó 200 horas hacerlo. Por el contrario, una feria comercial tenía un costo "externo" elevado, pero costos "internos" muy bajos.

Al valorar el elemento laboral, le brinda una imagen más clara de la mejor manera de hacer crecer su negocio.

Vale la pena señalar en este punto que incluso si un cliente potencial aún no ha producido una venta, no debe descartarse. Como parte del seguimiento de sus clientes potenciales, querrá ver las tasas de éxito por mes, desde la introducción hasta la venta final, y necesitará saber cuál es el cronograma promedio de cada actividad para convertir el cliente potencial en una venta. Si hay actividades de seguimiento durante el proceso, asegúrese de incluir también los costos en su análisis.

Diferentes actividades pueden tener diferentes costos por cliente potencial. Discutiremos esto más adelante en el libro.

A continuación, debemos analizar todos sus canales de ventas existentes. Un canal de ventas es la forma de llegar al cliente.

Si colocas un anuncio en las páginas amarillas, ese es tu canal de ventas.

Si alguien presenta regularmente su negocio a nuevos clientes, ese es su canal de ventas. ¿Quizás tenga varios socios o presentadores? Tal vez alguien se refiera extraoficialmente a muchos negocios a su manera. Si es posible, enumere todos estos, junto con los resultados medidos, los costos incurridos para cada uno, la cantidad de clientes potenciales, la cantidad de clientes asegurados, etc. Básicamente, en este punto necesita recopilar la mayor cantidad de datos posible para el análisis, de modo que tengamos la información disponible más adelante.

El equipo

Si lees mi primer libro de esta serie, sabrás lo
importante que es conocer tus propias fortalezas.
Es igualmente importante conocer las fortalezas y
debilidades de su equipo.

A medida que haga crecer su negocio, el énfasis se
centrará menos en usted personalmente y más en
su equipo. No podrá hacer crecer su negocio si
depende de su presencia, por lo que debe reducir
su presencia tan pronto como sea posible.

Trate de eliminarse por etapas. Inicialmente,
aléjese de los roles prácticos, por ejemplo, el
servicio diario o la entrega de productos. En una
empresa de construcción, este papel práctico sería
el de albañil, carpintero, peón, etc. En un negocio
hotelero, sería el chef, la empleada doméstica, la
recepcionista y el personal del restaurante. Los
roles prácticos son los roles centrales, aquellos por
los que se paga a la empresa por desempeñarlos.

Para retirarse, necesita un buen personal que sepa qué hacer y cómo le gusta que se haga.

Una palabra de precaución: si está leyendo mi libro como un empleado de alta dirección con la ambición de demostrar su valía y hacer crecer el negocio de su empleador, retirarse del negocio podría significar algunas consecuencias desastrosas para usted en el futuro por razones obvias. El negocio de su empleador puede experimentar un crecimiento sustancial. En ese momento probablemente pedirás un aumento salarial o una bonificación por todo tu arduo trabajo. Antes de hacerlo, considere esto: su empleador ahora tiene un negocio que funciona perfectamente, un crecimiento que todos notan, pero ya no necesita su función, ya que esencialmente se ha retirado del negocio.

¿Recibirá un aumento salarial? ¿O su salario se interpretará ahora como un gasto adicional para la empresa? Mi consejo para usted como empleado es que le pase este libro a su empleador o inicie su propio negocio. Si eliges lo primero, posicionarte como el futuro líder del negocio es la mejor estrategia. Si eliges lo último, mi primer libro de la serie te ayudará a empezar.

Después de retirarse del rol práctico, se retirará de la función de ventas si está involucrado en ella, suponiendo que la prestación de servicios y el proceso de ventas se realicen por separado. Para hacer esto, necesitará buenos canales de venta. Esto puede implicar un buen equipo de ventas. O, por ejemplo, un hotel puede involucrar agencias de reservas y sistemas de reservas en línea que eliminan la necesidad de realizar reservas de hotel en el sitio. Al utilizar las tecnologías o los socios adecuados, puede minimizar su propio tiempo, liberándolo para concentrarse en otras áreas del negocio.

Finalmente, se retirará del funcionamiento diario del negocio, ya sea en la supervisión de tareas o en la gestión más amplia. A medida que el negocio crece, puede incorporar personas con más experiencia en funciones de supervisión, mandos intermedios y alta dirección. De manera realista, estos puestos probablemente puedan desempeñar la mayoría de los roles mejor que usted de todos modos.

Recuerde, su equipo es la fortaleza de su negocio y hay especialistas disponibles para cada tipo de función.

Puede que seas el fundador de la empresa, pero eso no te hace automáticamente mejor en el desempeño de una tarea en particular que alguien que la ha estado haciendo todos los días de su carrera durante 40 años y que es potencialmente uno de los mejores en tu industria. Si conoce sus puntos fuertes, puede formar su equipo a su alrededor para complementar sus propios puntos fuertes.

Enumere a cada miembro del equipo individualmente según su nombre, ubicación, calificaciones, roles, experiencia y para qué roles los considera más adecuados. A continuación, pídales que realicen la prueba de perfil de personalidad que les mostré en mi primer libro. Es gratis y les ayudará, además de ayudarle a comprender sus fortalezas y debilidades.

Para hacer esto, ingresa a www.geniusu.com. La prueba es gratuita y solo le llevará 2 minutos completarla.

Llegados a este punto, si aún no lo has hecho, te recomiendo leer mi primer libro de la serie. Le ayudará a comprender su propia personalidad y le brindará las herramientas y su propia estrategia personal para desarrollar su negocio, junto con el papel clave que debe desempeñar en el desarrollo del negocio en el futuro.

Hablaremos de lo que significan los resultados para su equipo más adelante en el libro, pero por el momento, tome nota de los resultados de cada uno de los miembros de su equipo. También puedes animar a cada uno de tus empleados a que vea los vídeos adjuntos.

Si trabaja con varios socios y confía en ellos para determinadas áreas de su negocio, pídales que también realicen la prueba. Es importante comprender a todo el equipo y cómo podrían encajar en él. Su negocio sólo será tan fuerte como el miembro más débil de su equipo.

Si dedica tiempo y dinero a desarrollar su equipo interno a un alto nivel, pero su socio y su equipo externo no hacen lo mismo, podría ser perjudicial para el éxito de su propio negocio. Después de todo, si estos socios externos fueran en realidad parte de su personal interno, invertiría en ellos para que alcancen el mismo nivel que todos los demás.

Los sistemas

¿Qué sistemas tienes ya?

¿Tiene procedimientos escritos establecidos?

¿Cómo sabe el personal cómo realizar una tarea en particular y hacerlo bien la primera vez, cumpliendo con las expectativas perfectas para usted y su cliente?

¿Cómo se revisa, prueba y audita los sistemas o procedimientos existentes?

Si no tiene nada implementado para controlar su proceso, ¿realmente puede culpar a su personal cuando se equivoca?

El elemento humano es la principal causa del fracaso empresarial. No hay dos personas que piensen o interpreten de la misma manera. Lo "perfecto" de una persona es lo "mediocre" de otra. Explique las cosas con gran detalle, escríbalas, grábelas en video, explíquelas nuevamente, practíquelas una y otra vez, pruébelas y luego mejore cualquier área de debilidad o malentendido. Así es como funciona un sistema. Comenzará poco a poco y se expandirá hacia afuera a través del sistema hasta que cubra cada parte de su negocio.

Mucha gente asocia los sistemas con software o tecnología de TI. Esa es una asociación incorrecta. La tecnología simplemente hace que su sistema y sus procedimientos sean más eficientes. Es muy posible construir sus sistemas alrededor de tecnología y software existentes, pero incluso si tiene software como parte de sus sistemas, el elemento humano aún tiene que usar esa tecnología de manera efectiva o será ineficaz y una costosa pérdida de tiempo y dinero. Asegúrese de que también existan procedimientos para el uso de la tecnología.

La mejor manera de saber lo que ya tiene es pensar en cada tarea que realiza, enumerarlas en orden numérico y luego ver si tiene un procedimiento escrito y probado para cubrir cada tarea o proceso.

Otra opción es buscar áreas comunes de queja o áreas problemáticas en el negocio. Normalmente serán áreas en las que pasará la mayor parte de su tiempo apagando incendios o solucionando problemas. También pueden ser áreas de las que el personal y/o los clientes se quejan.

A medida que avance en el negocio solucionando cada uno de estos, descubrirá que su vida se vuelve más fácil y que su personal y sus clientes estarán cada vez más contentos con usted.

Al hacer esto, comprenderá mejor lo que se debe hacer para mejorar el negocio a continuación, brindándole una lista de tareas pendientes a las que luego podrá asignar su tiempo. Esto es lo que se conoce como trabajar. *en* el negocio no funciona *en* el negocio.

La mejora de los sistemas es un proceso continuo de prueba, medición y mejora; No te preocupes si no va a ser perfecto en esta etapa.

¿Cuál es tu estrategia?

¿Cuál es su estrategia de crecimiento?

En caso de que no se haya dado cuenta al leer el libro hasta ahora, para lograr un crecimiento sostenible en su negocio, necesita varias piezas en su rompecabezas de crecimiento, pero necesita que sucedan todas al mismo tiempo, mientras trabaja en alineación entre sí. ¡Imagínese la imagen de un payaso de circo, haciendo girar platos en el aire!

Bien, aquí están las piezas de ese rompecabezas de crecimiento; Necesitarás:

Visión: A donde quieres ir?

Estrategia: ¿Cómo lo conseguirás?

Un buen modelo de negocio: ¿Es escalable y genera dinero a escala?

Una razón: ¿Por qué lo haces?

Múltiples canales de venta: DonNo dependas de una sola persona para alimentarte.

Rderecho tsu, Rderecho Scome: NosotrosNo estamos jugando a las sillas musicales aquí.

El Rderecho Ssistemas: Consistencia en todo momento

Fuerte Flujo de fondos: El efectivo es oxígeno para el negocio

Inversión: Tanto financiera como su propio corazón y alma invertidos en el negocio. Si puede contar con otros en su equipo que también inviertan su corazón y alma en el negocio, será un ganador.

Visión

¿Sabes qué tan grande te gustaría que tu negocio creciera?

¿Es un objetivo alcanzable y realista?

¿Es posible que una empresa de dos personas se convierta en una empresa global? Sí, es posible, pero ¿tienes todas las piezas en tu rompecabezas de crecimiento para que eso suceda? Convertir una empresa de dos personas en una empresa global significará realizar cambios significativos tanto en su modelo de negocio anterior como en su forma de pensar. ¿Los fundadores de Google se crearon con la intención de ser solo ellos mismos, o comenzaron con la intención de que el negocio empleara a miles de personas en todo el mundo?

Esta es tu visión. Pinta un cuadro de cómo ves el futuro cuando hayas logrado tu visión. ¿Cómo será realmente el futuro? ¿Cómo se sentirá? Imagínelo en cada detalle. La forma más sencilla de hacer esto es pensar en cómo le gustaría que fuera su vida dentro de diez años y luego pensar en cómo sería su negocio para crear esa vida para usted. Esta etapa consiste en entrar en tu máquina del tiempo e imaginar vivir tu vida dentro de diez años.

Si desea que sea un negocio a nivel nacional, no diga simplemente: "Quiero que sea a nivel nacional". Se específico. No se trata de si tu visión es alcanzable o no. Se trata de poder medir el progreso. Si puedes medirlo, es mucho más probable que lo logres. Por ejemplo, podría decir: "Quiero tener veinte empleados en cada estado". Pero puede ser más específico diciendo: "Quiero diez empleados en la ciudad de Nueva York, cinco empleados en Syracuse y cinco empleados en Buffalo". luego siga esta práctica para cada estado.

Cuanto más específico seas en tu visión, más fácil será alcanzar tus objetivos. No tiene por qué ser sólo la cantidad de personal. También puede ser volumen de ventas, presencia, nivel de ganancias, número de vehículos, contratos, tiendas minoristas, número de clientes, clientes potenciales, etc.

Otro ejemplo podría ser el uso de cifras de ventas. En lugar de decir: "Quiero 2000 clientes", describa cómo se logra esto. Por ejemplo, es posible que tenga 1200 clientes en la ciudad de Nueva York, 300 en Syracuse y 500 en Buffalo, o podría desglosarse en cada estado. Yendo un paso más allá, si puede acceder a los datos del código postal, puede desglosar los números por código postal. Si sabe que desea conseguir 50 clientes adicionales en Buffalo, divida esta ciudad en códigos postales. Hay 20 códigos postales en Buffalo, lo que significa que solo necesita un poco más de 2 clientes en cada código postal. ¿No parece ese objetivo mucho más fácil de alcanzar? Mientras puedas medirlo, probablemente puedas lograrlo.

El último paso en el proceso de la Visión es desglosar su visión a diez años a largo plazo y preguntarse cómo se vería en diferentes puntos de esa línea de tiempo. Personalmente, me gusta tener una visión de diez años, dividida en una visión de tres años y luego en una visión de un año. Cuando pases a la siguiente etapa, es mejor dar un paso más y considerar cómo será al final del siguiente trimestre. Eso te dará una visión de cómo será la vida dentro de tres meses. Con suerte, ahora podrás ver un camino claro de cómo tu vida se basará en cada visión hasta llegar a ese punto final.

Lo más probable es que no alcances tu visión en estas escalas de tiempo, puede que te lleve un poco más de tiempo, pero al seguir este camino, establecerás la intención de cómo quieres que se vean las cosas, y mirando hacia atrás dentro de diez años, Reconocerás un cambio masivo en tu vida, respecto a cómo eran las cosas "en aquel entonces".

¿Cómo lo lograrás?

Esta es la sección "cómo". Sabes lo que quieres lograr. Ahora necesitas una hoja de ruta para llegar allí.

La mejor forma de iniciar este proceso es imaginar que ya lo has conseguido y dividir tus pasos en tareas muy pequeñas. Imagínese en el futuro mirando hacia atrás. ¿Cuáles fueron las cosas clave que tuvieron un impacto enorme en el camino para lograr su objetivo hoy? Un buen ejercicio para esto es pensar en algo que ya hayas logrado en tu vida, luego mirar hacia atrás y pensar en las 3 o 4 cosas que hiciste para lograr esas cosas.

Ejemplo

Consideremos que su objetivo hace diez años podría haber sido iniciar su propio negocio. Probablemente hubo un puñado de hitos de alto nivel que logró a lo largo del camino que lo llevaron a donde se encuentra hoy. Ellos pueden ser:

1. Obtuviste una calificación en el tipo de servicio que brinda la empresa.
2. Obtuviste un tipo particular de experiencia trabajando para un antiguo empleador.
3. Construiste una relación con un cliente clave que te permitió comenzar
4. Llegaste a tener tus primeros diez clientes.
5. Contrataste a tu primer empleado
6. Obtuviste acreditación para tu servicio, de la asociación de la industria.

7. Obtuvo su primer contrato importante y necesitaba 3 empleados a tiempo completo.

Con cada uno de estos siete hitos principales, sabrá que tenía muchas tareas más pequeñas que debía completar para alcanzar cada hito.

A partir de su trabajo en los capítulos anteriores (recopilación de datos sobre clientes, registro de escalas de tiempo del proceso de ventas, etc.), tiene una comprensión más clara de lo que debe hacer. Replica estas acciones anteriores, de forma planificada, para ayudarte a establecer pequeños hitos. Al dividirlo en estos pequeños pasos, puede ver dónde se ubican los hitos en una línea de tiempo y qué procesos dependen de otras tareas.

Si ha estado involucrado en la gestión de proyectos antes, este proceso debería ser bastante sencillo ya que sigue los mismos principios. Si tiene otro personal y es posible utilizar su trabajo diario como parte del logro de sus objetivos, alcanzará su visión mucho más rápido. Su equipo también se sentirá capacitado para ser parte del proceso y de la historia de su negocio. A la gente le gusta sentirse parte de un viaje, así que úsalo a tu favor.

Veamos un ejemplo de una empresa de servicios:

Empresa existente: una pequeña empresa de servicios que emplea a dos miembros del personal más el propietario y opera desde tres vehículos de servicio.

Visión de tres años: tener 100 clientes en cada una de tres nuevas ciudades adicionales. Esto se puede dividir en la apertura de una nueva ciudad cada año hasta alcanzar el objetivo de tres años.

Hitos:

El primer paso es dividir esto en ciudades. Queremos centrarnos primero en una sola ciudad, asumiendo que no tenemos los recursos para ir a otras ciudades al mismo tiempo.

¿Qué debemos hacer para centrarnos en llegar a esa ciudad elegida? Personalmente, elegiría la ciudad vecina más cercana, ya que será más fácil y económica conseguir recursos. No obtendrá muchos negocios de la noche a la mañana, por lo que necesitará obtener recursos del personal existente.

¿Quién es su cliente? Identifique a todos los clientes posibles, identifique nichos si es posible e infórmeles a todos sobre sus planes. Informe también a sus clientes actuales sobre sus planes. Es posible que descubra que los clientes existentes tienen presencia en áreas vecinas o tal vez conozcan a personas en su industria y puedan recomendarlos a usted. El próximo hito debería ser conseguir su primer contrato en la nueva zona.

Lo siguiente que querrás hacer es aumentar tus canales de ventas en esa área. Recuerde, está obteniendo recursos para la nueva ubicación a partir de sus operaciones existentes, por lo que es posible que tenga que invertir en uno o dos miembros adicionales del personal, o correrá el riesgo de perder a sus clientes existentes. Su estrategia debe incluir un plan para retener y hacer crecer su ubicación actual., o terminarás simplemente cambiando tu ubicación actual por una nueva.

El próximo hito será conseguir sus primeros 10 clientes (o el criterio de medición que elija utilizar).

Sigue creciendo nuevo CNúmeros de clientes como este. Su próximo hito será conseguir sus primeros 30 clientes.

Cuando hayas alcanzado tu hito de conquistar la primera ciudad, sabrás el proceso que tomaste y deberías poder copiarlo o modificarlo para mejorarlo a medida que desarrolles tu segunda ciudad nueva. Durante este proceso, asegúrese siempre de retener a los clientes existentes y seguir haciendo crecer sus operaciones existentes, tanto en la ubicación original como en su primera ciudad nueva.

Recuerde: un negocio que no crece es un negocio que está muriendo.

Una forma de gestionar su crecimiento es contratar personal adecuado para centrarse en el negocio existente o en el crecimiento del negocio. De cualquier manera, el propietario del negocio debe concentrarse en la otra parte del negocio, ya sea el crecimiento o el negocio existente. Hacer esto libera tu mente para concentrarte solo en un área del negocio y, a medida que crece, descubrirás que si te esfuerzas demasiado, eventualmente algo se romperá y podrías perderlo todo.

Aquí es donde resulta útil conocer su tipo de personalidad. Mirando De vuelta en el sistema de perfiles, yoF su La fuerza de la personalidad es el perfil Dynamo o Blaze, debes concentrarte en el proyecto de crecimiento. Si tiene el perfil de tempo o acero, debe concentrarse en su negocio actual y hacer que alguien más en su equipo (preferiblemente alguien que tenga un perfil dinámico o fulgurante) se concentre en el proyecto de crecimiento.

Una vez que haya establecido hitos para alcanzar su visión, debe establecer escalas de tiempo realistas y alcanzables para cada ciudad. Normalmente divido la sección detallada en meses y la sección más amplia en trimestres o años. Trabaje con su equipo, utilizando todos los tipos de personalidad para llegar a escalas de tiempo realistas, utilizando un 'Éxito optimista' 'Éxito pesimista', y 'Promedio Séxito'escenario etiquetas como su marco.

En este ejemplo, hará que cada uno de los miembros de su equipo determine cuánto tiempo creen que tardará en alcanzar cada objetivo, utilizando cada una de las tres etiquetas enumeradas anteriormente. Escríbalos en una tabla debajo de cada título. Luego promedie los plazos para cada uno. Por ejemplo, el éxito optimista puede tener 4 semanas, 5 semanas, 6 semanas, en cuyo caso dirás su El plazo más optimista es de unas cinco semanas. Haga lo mismo con el éxito pesimista.

Para apromedio sPara lograr el éxito, tome los resultados de las estimaciones tanto optimistas como pesimistas y tome el promedio entre las dos. Esta es la escala de tiempo en la que debes basar tu plan.

Lo más probable es que a medida que su negocio crezca, las cosas se desarrollen mucho más rápido que sus expectativas iniciales porque algunas tareas deberían comenzar a volverse más naturales para usted y su equipo. Lo que he visto que sucede en nuestros propios negocios es que las cosas comienzan lentamente y tienden a generar impulso, un poco como un efecto de bola de nieve, por lo que, para empezar, no parece que estés logrando mucho progreso, pero Con el tiempo, todo parece encajar y encajar.

Cuando conocemos los hitos y los plazos, podemos planificar adecuadamente cómo lograremos cada uno de ellos. Nuevamente, para esto, simplemente divida cada hito en tareas pequeñas y, si tiene personal que pueda dedicar a la tarea, asigne la responsabilidad de esas tareas a esos miembros del equipo y déjeles que se hagan cargo de la tarea.

De acuerdo con sus hitos, establezca objetivos de ventas y valores de ganancias en cada hito. Recuerde que si puede comparar sus criterios de éxito, podrá alcanzar sus objetivos mucho más rápidamente.

Estrategia

Hay varias rutas que puede tomar para lograr su visión. Estos podrían incluir cualquiera de los siguientes:

- Incrementar las ventas en sus existentes ofertas de productos
- Agregar una nueva línea de productos o servicios complementarios
- Aumentar las ganancias en lugar de las ventas
- comprar un negocio
- comprar una franquicia
- Licencia

Hablaremos de cada uno individualmente.

Incrementar las ventas en sus existentes ofertas de productos

- Atraer más clientes locales
- Vender a todos los clientes potenciales anteriores
- Mejorar las conversiones de ventas
- Abrir una nueva ubicación
- Incrementar los canales de venta

Al utilizar sus datos medidos previamente, sabrá quiénes son sus clientes y de dónde vienen. Si sabes, por ejemplo, que como el 40% de tus consultas provienen de publicidad en una determinada revista, deberías aumentar la publicidad en esa revista o en revistas similares.

Sin embargo, cuando se mide más se descubre que sólo el 1% de estas consultas resultan en una venta. Con este tipo de análisis, puedes suponer que esta publicidad es una pérdida de tiempo y dinero, que esta audiencia no es adecuada para tu negocio o que estás dando el mensaje equivocado en la publicidad, lo que lleva a una baja conversión de ventas. tarifas.

Agregar una nueva línea de productos/servicios complementarios

- Identifique qué están vendiendo los rivales y usted no
- ¿Qué habilidades tiene tu equipo?
- ¿Qué producto/servicio similar están comprando sus clientes?
- ¿Le comprarán si agrega el producto/servicio a su oferta existente?

Esta ha sido una estrategia que he utilizado mucho en nuestros propios negocios. Mi habilidad natural es crear y empaquetar nuevas ofertas de productos. Cuando teníamos nuestro negocio de contratación eléctrica y mecánica hace muchos años, comenzó brindando servicios básicos de contratación eléctrica. Con el tiempo, creamos nuevas ofertas de productos especializados que incluyen una división contra incendios y seguridad, una división de electrodomésticos, una división de datos y telecomunicaciones, una división audiovisual y una división de automatización del hogar inteligente. Todos estos eran productos y servicios que nuestros clientes actuales ya estaban comprando de otras empresas, por lo que, al proporcionárselos nosotros mismos, nos convertimos en la "ventanilla única" para todo lo que necesitaban.

Aumentar las ganancias en lugar de las ventas

- Reducir los costos de gastos generales
- Reducir los costos de entrega
- Busque ahorros de eficiencia
- Incrementar las conversiones de ventas
- Marketing dirigido basado únicamente en los resultados mejor medidos
- Introducir o mejorar sistemas.
- Subcontratación de actividades no esenciales
- Centrarse únicamente en las actividades más rentables (el 80 % de las ganancias normalmente provienen de solo el 20 % de los clientes)
- Asóciese con otras empresas similares
- Agregue entre un 5% y un 10% a sus precios de venta.

Existe una gran posibilidad de que algunas actividades u ofertas de productos le hagan perder dinero a su negocio, o al menos no sean tan rentables como otras áreas del negocio. El problema es que, sin saberlo, sigues alimentando todas las partes del negocio por igual.

Es posible que una oferta de producto requiera contratación de personal adicional, por lo que usted aporta la inversión para que eso suceda, pero después de analizar de dónde provienen las ganancias, descubre que las áreas en las que ha invertido mucho apenas alcanzan el punto de equilibrio.

Al utilizar el análisis medido anterior, verá exactamente de dónde provienen sus ganancias actuales, dónde puede modificar las cosas y qué puede eliminar sin dañar su negocio y al mismo tiempo mejorar los márgenes de ganancia. Aumentar las ganancias no se trata sólo de aumentar los precios. Si puede reducir sus costos en un 10% y agregar un 10% a su precio de venta, en realidad obtendrá más de un 20% de ganancias adicionales haciendo relativamente poco trabajo.

No tenga miedo de agregar un pequeño aumento de precio a sus precios de venta. ¿Su cliente notará siquiera un aumento de precio del 5% al 10% de todos modos? Veamos mi ejemplo a continuación para demostrar lo que quiero decir.

Pre-crecimiento

Ventas	$100,000
Costos	$80,000 (80%)
Beneficio neto	$20,000 (20%)

Post crecimiento: aumento del 10% en el precio de venta, reducción de costos del 10%

Ventas $110,000

Costos $72,000

Beneficio neto $38.000 (34,5%)

En el ejemplo, hemos saltado de una cifra de beneficio neto del 20% a una cifra de beneficio neto del 34,5%. En términos reales, casi ha duplicado sus resultados.

comprar un negocio

- Comprar un competidor local
- Comprar un negocio local gratuito
- Comprar un competidor en otra área.
- Comprar un negocio complementario en otra zona

Comprar un negocio, si se hace correctamente, puede ser una de las formas más fáciles y rápidas de hacer crecer su negocio. Considere que si comprara un negocio de la competencia, efectivamente obtendría muchos más clientes, pero también conseguiría personal y la buena voluntad que se ha ido acumulando a lo largo de los años. También reducirás la cantidad de rivales contra los que compites. Hay varias rutas para hacer esto, y es posible que desee mantener ambas empresas operando bajo marcas separadas, tal vez teniendo una dirigida al extremo superior del mercado, mientras que la otra se concentra en el extremo opuesto del mercado.

Al comprar una empresa, existen riesgos a los que hay que prestar atención, si ésta es su estrategia, y cualquier estrategia de adquisición de empresas debe considerarse cuidadosamente para alinearse con sus objetivos comerciales.
Una opción similar puede ser fusionarse con una empresa en la que crea que puede haber una colaboración de intereses. Las adquisiciones de empresas es algo en lo que trabajamos mucho, y dado que la generación del baby boom representa el 70 % de todos los propietarios de empresas, significa que hay muchas personas que esperan jubilarse de aquí a 2035.

comprar una franquicia

Comprar una franquicia es comprar los derechos para utilizar el reconocimiento de marca de otra persona, tal vez incluso algunos clientes, líneas de servicio adicionales, nichos de mercado, sistema de entrega del producto, etc. Significa que efectivamente estará administrando dos negocios, con potencialmente el doble de marketing. costo. Si hay diez jugadores en su mercado local y usted posee dos de ellos, en teoría tiene el doble de potencial de crecimiento que cualquiera de sus rivales. Otra razón para comprar una franquicia es llegar a un tipo de cliente diferente.

Por ejemplo, muchas corporaciones nacionales optan por no comprar a proveedores locales más pequeños y, en cambio, seleccionan un proveedor con presencia a nivel nacional. Aquí es donde elegir un negocio de franquicia puede ser una estrategia inteligente.

Licencia

Licencia significa que una empresa otorga a otra los derechos exclusivos para distribuir su producto o servicio dentro de un territorio geográfico determinado. Esto es muy similar a la franquicia, excepto que se asocia más comúnmente con productos físicos que con servicios.

Por ejemplo, si su empresa es una tienda minorista de productos electrónicos, es posible que haya una nueva consola de juegos que tenga mejores características que otras consolas. Al convertirse en licenciatario de este producto, obtiene derechos exclusivos para vender la consola de juegos en su tienda minorista. Al hacerlo, muchos más clientes entrarán a su tienda para comprarlo.

Obviamente, esto tiene otros beneficios claros. Los clientes no solo le compran el producto, lo que aumenta sus cifras de ventas/beneficios, sino que también pueden comprarle otros artículos durante su visita. Tenga en cuenta que normalmente se espera que usted comercialice el producto al público objetivo dentro de su área, por lo que existe un factor de costo además de los costos de licencia.

La concesión de licencias puede funcionar de varias maneras. Es posible que deba comprar una cantidad mínima de unidades del fabricante durante un período específico, es posible que deba pagar una tarifa por adelantado al fabricante o que tenga que pagar una tarifa de licencia continua, como un porcentaje de las ventas o el costo. por unidad vendida. He visto muchos arreglos en los que se ha utilizado una combinación de los tres.

Un ejemplo mucho más común de licencia que muchas personas tener Probablemente experimente en algún momento, es cuando compra software para su computadora.

La empresa de software normalmente creará el software y luego se lo venderá con una licencia por usuario. Esto es nNo es una licencia de revendedor, sino más bien una licencia de usuario, pero esencialmente funciona de la misma manera, ya que el licenciante obtiene ingresos de cada licencia vendida.

Si su empresa crea productos, las licencias pueden ser una ruta de crecimiento. Si los clientes quieren comprar su producto, sin duda le ayudará a financiar el crecimiento., ya que la mayoría de los costes correrán a cargo del licenciatario.

Existe una ruta más básica para obtener una licencia o convertirse en titular de una licencia, que es a través de la red o el marketing multinivel (MLM).

Básicamente, aquí es donde te conviertes en agente de ventas local de una gran marca. No cuesta tanto como comprar una franquicia y, por lo general, eres libre de vender cómo y cuándo quieras. Hay varias empresas que hacen esto, pero la mayoría de ellas son específicas de las industrias de belleza, bienestar o productos de limpieza. Entre ellas se incluyen marcas como Avon, Kleeneze y Herbalife. A menos que desee hacer esto como una empresa a tiempo parcial, separada de su negocio principal, solo le recomendaría adquirir una marca que complemente su negocio actual. Si su negocio es un gimnasio local, por ejemplo, podría optar por un producto de bienestar que pueda complementar su negocio de gimnasio, por ejemplo, tal vez un complemento alimenticio o un programa de dieta.

Para convertirse en agente de una empresa de MLM, debe pagar una tarifa básica por adelantado. Esta tarifa incluye la configuración de productos de muestra, tarjetas de presentación, un sitio web de ventas, uniforme de marca, capacitación, etc., y luego podrá obtener ventas. Varias empresas de MLM pueden ofrecer todo mediante un modelo basado en suscripción, mediante el cual usted paga una tarifa continua cada mes. Sin embargo, cada empresa de MLM es diferente.

¿Qué necesitamos?

Sabemos exactamente lo que ya tenemos. A partir de su visión y estrategia, sabemos lo que necesita en el futuro (y, con suerte, en cada hito), por lo que ahora estamos comparando los dos y determinando qué necesitamos y cuándo lo necesitamos para hacer realidad nuestra visión y lograr nuestros objetivos.

Desde el mundo de la consultoría o la gestión de proyectos, este proceso se denomina realizar un análisis GAP.

Tendremos que analizar las siguientes áreas del negocio:

1. Haga crecer sus canales de ventas
2. Haz crecer tu equipo
3. Construya sus sistemas y procesos
4. Financiamiento seguro

Su visión depende de cómo desarrollará cada una de estas áreas, pero su estrategia general debe ser desarrollarlas todas juntas alineándolas bajo un objetivo o hito compartido. Por ejemplo, no tendría mucho sentido comercializar un servicio para la industria manufacturera si ha capacitado a su personal para la industria minorista en lugar de brindar el servicio en la industria manufacturera.

Hacer crecer su negocio sólo requiere concentración y perseverancia.

Haga crecer sus canales de ventas

La mayoría de la gente no entiende qué son los canales de venta. Básicamente son cualquier ruta directa o indirecta para vender o proporcionar algo a su cliente.

Aquí es donde muchas empresas se quedan cortas. Los propietarios a veces creen que sólo hay una o dos formas de vender su producto/servicio. Si no es bueno ideando ideas para llegar a sus clientes, contrate a alguien que sea naturalmente bueno en eso. Esta es una habilidad que me resulta natural. Tengo una hoja de cálculo en mi computadora que actualizo todos los viernes. Según mi último recuento, tiene más de 4000 ideas sobre estrategias de crecimiento o formas de comercializar un negocio.

Analizaremos las formas más comunes de llegar a su cliente, pero esta lista no es exhaustiva. De hecho, sólo toca los bordes.

- Correo directo
- Correo de propaganda
- Sitio web
- Sitio de comercio electrónico (tu propio wsitio web)
- Plataforma de comercio electrónico (amazon, ebay, etc.)
- Sitio de comparación de precios de comercio electrónico (Expedia, Reserva.com)
- Podcast
- Publicidad en banners en línea
- Publicidad online PPC (pago por clic)
- Publicidad tradicional
- Socios
- Revendedores
- Distribuidores
- Agentes
- Franquiciados

- Licenciatarios
- Grupos de compra de la industria
- Redes de referencia

Haz crecer tu equipo

A partir de su análisis GAP, debería saber qué roles se necesitan y qué conjuntos de habilidades o cualificaciones componen cada uno de ellos. Después de identificarlos, podrá ver dónde necesita implementar un plan de capacitación para esos miembros de su equipo.

En esta etapa, señalaría que si desea hacer crecer su negocio, vale la pena aprender un poco sobre la legislación laboral, así como las normas de salud, seguridad y bienestar en su área local. Además, si planea expandirse geográficamente, deberá conocerlos para cada área en la que opere el negocio, ya que las reglas y regulaciones pueden ser diferentes.

Vale la pena trabajar con un consultor de recursos humanos (Recursos Humanos) local, ya que a menudo brindan diversos servicios para ayudar a las pequeñas empresas en el proceso de contratación.

Estos consultores también pueden asegurarse de que usted cuente con todas las políticas y procedimientos adecuados para limitar cualquier responsabilidad en caso de que un empleado descontento presente un reclamo contra usted o la empresa.

Algunos consultores tienen varias pólizas de seguro disponibles que reducirán su responsabilidad en caso de que un reclamante tenga éxito en presentar un reclamo en su contra. En la mayoría de los reclamos laborales, los tribunales favorecerán al empleado más que al empleador, por lo que vale la pena tener en cuenta que puede ser necesario un pequeño costo adicional ahora para evitar un costo mucho mayor en el futuro. En la sociedad actual de "persecución de ambulancias", hay muchos abogados dispuestos a presentar un reclamo en su contra independientemente de la justificación legal, por lo que vale la pena reducir cualquier elemento de riesgo para usted o la empresa.

Veamos cómo cada tipo de personalidad desempeña un papel en el crecimiento de su negocio. Como mencioné antes, todos pueden desempeñar cada uno de los roles, por lo que declararlos como una debilidad no significa que el tipo de personalidad no pueda desempeñarlos, simplemente no es su rol más fuerte o natural para adaptarse a su tipo de personalidad.

Para dar un ejemplo de esto, imagine dos días separados en su vida laboral. Un día, puede parecer que el día va muy bien y el tiempo pasa muy rápido, estás feliz y no sientes estrés. Otro día, el tiempo puede pasar muy lento, es posible que estés mirando el reloj cada pocos minutos, deseando que termine el día. En este escenario, lo primero se debe a que estás realizando tareas que se adaptan naturalmente a tu personalidad. En este último ejemplo, es muy probable que estés realizando tareas que, aunque las haces bien, no te resultan naturales y muchas veces pueden provocar una sensación de estrés o ansiedad.

Mi punto fuerte personal es el perfil del Dynamo. Como verá, el perfil de Dynamo es mejor para generar nuevas ideas, pero no es muy bueno para entrar en detalles o hacer cosas como la gestión de proyectos, ya que mientras se realiza el trabajo, los detalles tienden a pasarse por alto, ya que El perfil del Dynamo es un "panorama general", centrado en el futuro. La primera parte de mi carrera la pasé en la gestión de proyectos y en funciones altamente técnicas, pero mi mayor pasión, los momentos en los que realmente me sentí vivo, fue cuando estaba creando las nuevas ofertas de productos de las que hablamos antes.

Perfil de dinamo.

Fortalezas:

- Son muy creativos, naturalmente presentan nuevas ideas, nuevos productos, inventos, diseños y reinventan formas de hacer las cosas mejor.
- Se comunican teniendo siempre presente el "panorama general". Los conquistarás vendiéndoles el panorama general en lugar de hablarles sobre los detalles del proyecto o cómo lo lograrás.
- Son mejores en roles que idean nuevas formas de hacer las cosas, tal vez iniciando un nuevo servicio o línea de productos.

Debilidades:

- Gestionando un proyecto
- Completar tareas más grandes
- No le gusta el perfeccionismo
- Impaciencia, no les gustan las demoras.
- Pasa por alto los detalles de cualquier proyecto
- Odian las pequeñas conversaciones

- Umbral de aburrimiento bajo
- No me gusta la repetición

Estrategia:

- Colóquelos en roles en los que necesite un nuevo enfoque.
- Manténgalos en nuevas tareas o proyectos cortos.
- No los pongas a cargo del control de calidad.
- Si lidera un proyecto, asegúrese de tener a alguien enfocado en los detalles de la tarea.

Perfil de resplandor.

Fortalezas:

- Bueno para construir relaciones con las personas.
- Promocionar una marca
- Normalmente muy extrovertido.

Debilidades:

- No es bueno para los detalles de una tarea.

- No les gusta el papeleo

- No les gusta estar pegados a su escritorio o en ambientes sin gente.

- Los demás pueden verlo ocasionalmente demasiado dramático en situaciones.

- Les gusta hacer las tareas simples muy complejas y generalmente las magnifican.

Estrategia:

- Colóquelos en un puesto de ventas o de contacto con personas donde no se requiere atención al detalle.

- Intente eliminarles la mayor cantidad de papeleo posible.

- Si es posible, contrate a un asistente para que se encargue de sus responsabilidades burocráticas. Al elegir un asistente que los apoye, elija entre los tipos de perfil Tempo o Steel para complementar el perfil Blaze.

Perfil de tempo.

Fortalezas:

- Bueno para realizar tareas prácticas.
- Le gusta el detalle
- Gestión de proyectos
- Momento
- Continuando con la tarea

Debilidades:

- No son buenos para crear cosas nuevas.
- No les gusta el cambio; prefieren la certeza
- Su actitud perfeccionista hace que algunas tareas nunca se terminen.

Estrategia:

- Este perfil tiene que ver con CUÁNDO: ¿Cuándo sucederán las cosas? Ésa es su fuerza; Úselo como su estrategia para este perfil. Si necesita una tarea que tenga un alto nivel de detalle, déle la responsabilidad.

- En los proyectos, asegúrese de tener un perfil Tempo para equilibrar los elementos de detalle y sincronización con un enfoque de ideas nuevas del perfil Dynamo. Esto también ayudará a avanzar en la tarea, ya que Dynamos siempre impulsará el proyecto hacia la línea de meta sin preocuparse tanto por el perfeccionismo. Al equilibrar un perfil muy perfeccionista con un perfil cero perfeccionista, se puede conseguir un buen equilibrio.

Perfil de acero.

Fortalezas:

- Les encanta el papeleo, los números, el análisis de datos, las mediciones y los sistemas.
- Les gusta terminar tareas y perfeccionar las cosas.
- Les encantan los detalles y necesitan entender el CÓMO de un proyecto.

- Por lo general, son buenos con la gestión financiera, la sistematización y la organización de cosas.
- La mayoría de las personas dentro de esta categoría se muestran reacias a las personas, a menudo son introvertidas y los demás pueden considerarlas "geeks" y "nerds"; A menudo les entusiasma el trabajo que otros suelen considerar aburrido.
- Son buenos para proporcionar análisis e informes detallados.

Debilidades:

- No les gusta el cambio; prefieren la certeza
- A menudo visto como irritado por el "panorama general", los perfiles de Dynamo y Blaze, necesitan comprender el detalles de todo antes de que lo compren
- Aunque son buenos para completar tareas, no son tan buenos para iniciarlas.
- A menudo pueden ser socialmente aversivos y los demás pueden malinterpretarlos como arrogancia, aunque

a menudo su naturaleza introvertida simplemente significa que no son buenos comunicadores verbales.

- A menudo pueden atascarse en los detalles y necesitan ayuda para ver el panorama general.

Estrategia:

- Bueno en roles de tipo back office. Prefieren espacios tranquilos, a menudo trabajan solos o en grupos muy pequeños. Trabajar en una oficina abierta no es adecuado para ellos
- Colóquelos en roles de construcción o manejo de sistemas, auditoría, gestión financiera, estimación, gestión del flujo de efectivo, gestión de proyectos, roles basados en TI.

- Este perfil complementa perfectamente el perfil de Blaze, ya que son opuestos. Sin embargo, al ser opuestos, pueden tender a irritarse mutuamente.

Estrategia global.

Lo mejor es tener un equipo formado por al menos un miembro de cada grupo. A medida que tu negocio crece, debería estar compuesto principalmente por perfiles TEMPO, que son los hacedores o las personas que hacen el trabajo. Los otros tipos de perfiles admiten los miembros del equipo del perfil de Tempo.

Cada perfil necesita de los demás que lo rodean para que un proyecto o negocio sea exitoso.

Por ponerte un ejemplo, los DYNAMO son el inicio del ciclo. Crean y reinventan cosas. Necesitan los sistemas o la financiación disponible que les permita hacerlo, que les proporciona el perfil STEEL. También necesitan las relaciones comerciales y humanas desarrolladas por el perfil BLAZE.

El perfil BLAZE ocupa el segundo lugar del ciclo. Las personas con este perfil construyen relaciones y equipos, promueven y, en última instancia, "venden las ideas" del perfil DYNAMO. Sin las ideas creadas, el perfil BLAZE tendría dificultades para hacer cualquier cosa. Asimismo, el perfil BLAZE necesita el perfil realizador TEMPO para iniciar las tareas y proporcionar el elemento de sincronización y detalle de las tareas.

El perfil TEMPO ocupa el tercer lugar del ciclo. Estas personas se centran en el tiempo y los detalles, en hacer las cosas en lugar de pensar en ellas. Se sienten incómodos vendiendo cosas y construyendo relaciones y equipos; necesitan el perfil BLAZE para ayudar con esto. Si el producto no se ha vendido no tienen nada que hacer. Del mismo modo, necesitan los sistemas del perfil STEEL para ayudarles a recibir el pago del producto y simplificar las cosas. El perfil STEEL les ayuda a completar el proceso.

El perfil ACERO es el cuarto del ciclo. A las personas con este perfil les gusta hacer las cosas sencillas. Se centran en hacer las cosas complicadas lo más simples posible. Si el perfil TEMPO no ha completado la tarea, no podrán configurar ningún sistema ni simplificar el proceso. Del mismo modo, si el perfil DYNAMO no crea o reinventa nuevas ideas e integra los sistemas del perfil STEEL, en realidad no hay razón para que exista el perfil STEEL.

Ningún perfil puede existir con éxito sin al menos otros dos perfiles, pero si se unen se complementan y consiguen un gran éxito en su objetivo común.

Si estás iniciando un proyecto, es importante asegurarte de incluir al menos tres tipos de perfiles dentro del proyecto para garantizar que tenga un buen equilibrio.

Construya sus sistemas y procesos

¿Ha elaborado un organigrama para su negocio actual? Si no, haz esto ahora. Si no sabe qué es un organigrama, considérelo como un árbol genealógico o un cuadro genealógico. Una vez que tenga un gráfico de precrecimiento, dibuje otro gráfico nuevo para el negocio que es su visión. Enumere todas las funciones que se desempeñarán en su negocio dentro de un año (o cualquier período en el que esté trabajando). Es una buena idea hacer esto para su visión de tres años y su visión de un año. Al hacer esto, podrá ver los roles que deberá desempeñar y cuándo. Este proceso es parte del desarrollo de su equipo. Si ha establecido sus hitos, puede hacer un gráfico separado para cada hito, de modo que pueda comprender mejor cómo se verá el negocio en cada etapa de su desarrollo.

A continuación, para cada función, debe escribir qué hace cada persona y cuáles son sus responsabilidades. ¿Ya ha enumerado todas las tareas que ocurren en su negocio?

Si no, tendrás que trabajar en eso a continuación. Pase unas semanas y siga el proceso.

Comience considerando el ciclo de vida de un cliente, cubriendo lo que hace para identificar un cliente potencial, marketing, ventas, negociación, asegurar una venta, firmar los contratos, proceso de orden de compra, entregar el pedido, gestionar el control de calidad, gestionar el servicio al cliente, facturación. el contrato, la contabilidad financiera, las pruebas de sistemas y el cumplimiento de la empresa. Con cada procedimiento, habrá al menos un documento, formulario, certificado u hoja de trabajo que lo acompañará.

Por ejemplo, podría ser una plantilla de un documento de propuesta de ventas o una lista de verificación para comprobar el control de calidad. Puede seguir a un miembro del personal y observarlo realizando sus tareas con ojos nuevos, casi como si fuera su primer día de trabajo y no supiera en absoluto cómo funcionan las cosas. A menos que tengas un perfil Steel, es posible que prefieras encomendar esta tarea a alguien que lo sea.

Alternativamente, si tienes un perfil de Blaze, puedes disfrutar poniéndolo todo en video y siendo la cara de la empresa. Una estrategia es hacer que el perfil de acero cree el sistema y luego que el perfil de incendio lo publique al personal.

Piensa en tu primer día, cuando te iniciaste en el mundo laboral. Aunque ahora son las tareas más simples, es posible que le hayan resultado bastante difíciles de realizar el primer día. Probablemente querías hacer feliz a tu jefa en ese momento, pero no sabías cómo le gustaba hacer las cosas. Esta es tu oportunidad de volver a ponerte en esos zapatos del primer día.

Otra oportunidad podría ser contratar a un nuevo miembro del personal. Como parte del proceso de capacitación con ese miembro del personal, usted podría seguir ese proceso y registrarlo.

Muchas empresas que documentan sus sistemas lo hacen únicamente en papel. Aunque creo que es importante tener una versión escrita de los sistemas, una versión en vídeo también puede resultar útil. A menudo es más fácil para las personas aprender con videos que leyéndolos en papel. Y en la era tecnológica actual, los videos están disponibles en los bolsillos de nuestros empleados, mediante el uso de sus teléfonos móviles y sitios para compartir en redes sociales como YouTube y Vimeo. Todos tienen acceso a los procedimientos independientemente de su ubicación.

Aún necesitará la versión documentada de cualquier formulario o documento activo, pero estos suelen estar disponibles a través de la nube y unidades o aplicaciones en línea.

La idea básica de este sistema es que, aunque el miembro del personal ya debería saber en general qué hacer, siempre puede volver al documento o vídeo como referencia para que el proceso sea absolutamente perfecto. Se pueden utilizar sistemas y procedimientos para hacer que el negocio sea más eficiente.

Como dije antes, incluso con los sistemas implementados, todavía habrá personal que realmente no quiere el trabajo. Quizás estén siendo empujados a ello por fuerzas externas. No se puede entrenar a estas personas para que hagan cosas que no quieren hacer. Puede que hagan el trabajo, pero tendrán resultados mediocres, y si empleas a varios empleados mediocres, el negocio acaba siendo mediocre también. A menudo, esto también puede tener un impacto desmoralizador en otros miembros del personal.

Esto es algo que he visto cuando contratamos aprendices en nuestro negocio. Para muchos, el individuo se vio obligado a realizar un aprendizaje por su familia o porque no podían obtener beneficios de desempleo del gobierno. A menudo las familias pueden ver un trabajo particular a través de sus propios ojos, en lugar de verlo a través de los ojos individuales. *'Consíguete un oficio, la gente siempre necesitará un electricista o un fontanero'* Puede ser un buen consejo, y tal vez sea un consejo que el miembro de la familia desearía haber seguido, pero en una época en la que los niños crecen con tanta tecnología, tal vez vean el futuro del mundo de manera muy diferente a la generación anterior. Si se mezcla este "empleo forzoso" con un perfil de personalidad equivocado, se obtiene una receta para un individuo muy infeliz.

Al introducir sistemas y procedimientos como parte del acuerdo laboral con el personal, estos aceptan trabajar según sus reglas. Si descubre que ignoran descaradamente sus reglas o hacen las cosas a su manera, puede utilizarse como motivo adecuado para el despido.

Piense en las grandes cadenas de comida rápida, como McDonalds o Dominos Pizza. Tienen un proceso muy específico que se sigue para crear el producto final. Vaya a Londres, Nueva York, Sídney o Ciudad del Cabo y obtendrá el mismo producto, con el mismo aspecto y sabor. Si su empleado no sigue el proceso, esa hamburguesa tendrá un aspecto o un sabor muy diferente, por lo que de repente empezará a dañar la reputación de su empresa. Provocar daño a la reputación empresarial es motivo de despido de un empleado.

Obviamente, siempre es mejor consultar a un abogado laboralista local sobre esto, y él lo ayudará a hacer las cosas de la manera correcta, pero los procedimientos y sistemas ayudan mucho en su caso y reducen cualquier posible reclamo por despido injustificado por parte de un empleado descontento. . Si también incorpora un procedimiento, al trabajar con su asesor de recursos humanos, evitará que cualquier miembro del personal subalterno o sin experiencia aplique medidas disciplinarias inapropiadas a otros miembros del personal, lo que también dejaría la empresa abierta a litigios.

Financiamiento seguro

Necesitará un elemento financiero para respaldar su crecimiento. Al utilizar sus hitos como guía, puede desglosar los costos de cada sección para identificar qué fondos se necesitarán para administrar el flujo de caja en el negocio. A medida que crezca, incorporará personal nuevo y, durante un breve período, esto estirará el negocio hasta que tenga la oportunidad de recuperar esos costos iniciales adicionales.

Puede ser posible hacer fluir esos gastos a través de las ganancias existentes de la empresa, suponiendo que la empresa ya obtenga una ganancia lo suficientemente grande. Probablemente llevará mucho tiempo hacer crecer el negocio dependiendo únicamente de estos fondos.

Es importante en esta etapa hacer una proyección del flujo de efectivo, incluidas las proyecciones para cualquier negocio existente y agregando a eso las partes de crecimiento del negocio. Al hacer esto, también verá posibilidades de hacer malabarismos con las actividades para adaptarlas al flujo de caja y evitar que la empresa entre en problemas financieros.

Entonces, ¿cuáles son las opciones para financiar el negocio?

a. Inversión de capital
b. Deuda
c. Reservas
d. Fondos de accionistas
e. Inversión mancomunada
f. Subsidios

Veremos cada una de las opciones en orden.

Inversión de capital

Atraer nuevos accionistas puede ser una buena idea para una empresa en crecimiento. Dependiendo del inversor, también puede abrir nuevas oportunidades para el negocio en términos de abrir puertas a nuevos clientes. Sin embargo, la desventaja de esto es que muchos inversores querrán una participación accionaria en su negocio, y algunos inversores buscarán hacerse con hasta el 80% del negocio total a cambio de su capital. Si el negocio está establecido y ya tiene buenos rendimientos, es posible negociar un nivel de capital reducido.

Cómo valorar tu negocio para la inversión

Lo importante que hay que recordar al valorar una empresa es no ser codicioso. No le estás dando al negocio una *en venta* valuación; El valor de la inversión suele ser inferior a un *en venta* valuación.

Cualquier inversión se realizará con el fin de hacer crecer el negocio, lo que significa que todos se beneficiarán. Sin esa inversión, la empresa probablemente no crecerá y, en realidad, no será tan valiosa como una inversión segura.

¡El 98,7% de las pequeñas empresas que se anuncian en el mercado de rebajas no consiguen vender! La principal razón de este hecho es su tamaño en relación con su valoración. Esto se debe a que muchas pequeñas empresas son gestionadas en el día a día por sus propietarios, y para cualquier propietario comprador esto conlleva un gran riesgo; Gran parte del personal y de los clientes se quedan en el negocio gracias al propietario. A menudo, cuando una pequeña empresa se vende, o una figura importante de la empresa se marcha, varios otros miembros del personal y/o clientes también se marcharán en unos pocos meses.

Si planea vender su negocio en el futuro, le recomiendo que primero lo haga crecer significativamente. Para lograrlo, necesita una inversión y necesita el conocimiento y la experiencia para lograr ese crecimiento. Lo ideal es que la empresa realice ventas en una escala de siete a ocho cifras para lograr un buen precio de venta. También hay otras cosas a considerar, pero por el momento su atención debe centrarse en el crecimiento en lugar de vender su negocio.

Valoremos su negocio para inversión.

- Para poner una valoración de inversión en el negocio, mire el EBITDA promedio. (Utilidades antes de intereses, impuestos, depreciación y amortización) cifra de los últimos tres años

- Reemplace su propio salario por el salario equivalente del mercado para el puesto que desempeña. Muchos dueños de negocios se pagan a sí mismos un salario muy bajo, por lo que esto les da una imagen más justa del negocio. Esto se llama EBITDA ajustado.

- Multiplique este promedio ajustado EEN UNO número por dos. Esto se llama múltiplo y, para las pequeñas empresas, generalmente oscila entre uno a tres

- Esto le brinda una estimación aproximada del valor de su negocio cuando se trata de asegurar inversiones. Si su empresa tiene una gran deuda o está en dificultades, esto también afectará el valor de la empresa.

He aquí un ejemplo.

EBITDA:	$100,000
Tu salario:	-$10,000
Salario del Mercado de Reemplazo:	+70.000$
EBITDA ajustado:	<u>$40.000</u>
Valoración de Negocios:	$80.000
	($ 40.000 x 2)

En este punto, señalaría que en algunas industrias se utilizan diferentes múltiplos para valorar una empresa. He usado tres, ya que es bastante promedio para la mayoría de las industrias en las que he estado involucrado.

En realidad, todo se reduce a cuánto le gusta su negocio a un inversionista y qué tan rápido necesita ver un retorno de su inversión. Si trabaja en los sectores de tecnología, manufactura o bienes raíces, esta valoración puede ser muy diferente. Sin embargo, las pequeñas empresas en general pueden valorarse en un múltiplo de dos, ya que a la mayoría de los inversores les gusta recuperar su dinero en un plazo de dos a tres años, y el tiempo adicional se centra en proporcionarles ganancias.

Al considerar esta ruta, también debería considerar registrar la inversión empresarial en cualquier plan de inversión respaldado por el gobierno. Esto reducirá cualquier responsabilidad de los inversores cuando abandonen el negocio y puede atraer tipos adicionales de inversores a su negocio.

Este tipo de esquemas reducirán las ganancias de capital pagaderas cuando abandonen el negocio en el futuro. Son buenos motivadores para conseguir inversores para su negocio.

Una advertencia si está buscando una inversión de capital. He visto muchos ejemplos en los que una pequeña empresa realizó una inversión de capital y quedó decepcionada después de tres años. Este inversor será su socio en el negocio. Si lo que busca es sólo dinero, le aconsejo que hay mejores opciones disponibles para usted.

Al considerar esta ruta, debes considerar lo que realmente necesitas. El inversor debe tener experiencia en lograr lo que quiere lograr. Veo hoy en día a mucha gente que se hace llamar inversor ángel y que no tiene ninguna experiencia empresarial.

Simplemente cobraron su pensión o vendieron una propiedad de inversión y ahora invierten parte de su dinero en pequeñas empresas.

Otras veces, aunque no tengan experiencia empresarial, intentarán involucrarse en cómo se gestiona el negocio, diciéndoles a los propietarios en qué deberían centrarse.

Si cree que tener un "inversor silencioso" es algo bueno, piénselo de nuevo. Si cree que tener a alguien (sin experiencia) involucrado en el negocio es algo bueno, terminará sintiéndose muy frustrado y, al hablar con muchas personas en esta situación, deseará ni siquiera haber comenzado el proceso.

Mi experiencia personal ha sido lograr un rápido crecimiento dentro de un tipo y tamaño de negocio muy específico.

No trabajo con empresas de nueva creación y rara vez trabajo con empresas con ventas de más de 30 millones de dólares. Es el punto óptimo entre los dos niveles: pequeñas empresas establecidas, que emplean al menos a tres personas, pero han demostrado la demanda de los clientes y son expertos en la entrega.

Esto se debe a que sé a quién puedo aportar más valor en el menor tiempo y eso es lo que es importante para mí. Me involucro en el negocio, pero solo en las áreas en las que somos fuertes, como construir una base sólida lista para el crecimiento, rediseñar el modelo de negocio, buscar nuevas estrategias para crecer, encontrar maneras de aumentar las ganancias, desarrollar nuevos productos. ofertas, crear asociaciones estratégicas, colocar a las personas adecuadas en los puestos adecuados, formar un equipo directivo, adquirir negocios complementarios y, en general, trabajar en actividades estratégicas de alto nivel. Aparte de actuar como mentor y coach del equipo directivo, no me involucro en el funcionamiento diario del negocio.

Deuda

La deuda es una inversión o compromiso de su parte para devolver el dinero al prestamista. A menos que esté seguro de las proyecciones planificadas y casi pueda garantizar tener el dinero para pagar la deuda todos los meses, no sería aconsejable hacer esto. La financiación mediante deuda sólo es buena como herramienta para respaldar el flujo de caja, como un préstamo, un sobregiro o la financiación de facturas.

En mi opinión, no es una buena herramienta como medio para financiar proyectos de crecimiento inciertos porque no se puede estar seguro del resultado del proyecto de crecimiento. También debes realizar ese pago todos los meses. Sin embargo, puede reclamar la parte de intereses de la deuda como un gasto para la empresa y reducir la obligación tributaria empresarial. Al endeudarse con la empresa, esto afectará el valor de la empresa, además de causar problemas potenciales con sus prestamistas si excede sus índices de préstamo, lo que en ocasiones puede significar que los préstamos se solicitan con poca antelación, lo que básicamente significa que usted Tendrá que pagar el préstamo en unos pocos días o correrá el riesgo de perder su casa.

La capacidad de obtener un préstamo de esta forma dependerá del prestamista, junto con el balance comercial y los índices financieros, como se mencionó anteriormente. El prestamista a menudo pedirá a los accionistas que igualen los fondos del préstamo con una inversión de capital o algún tipo de tenencia de valores, como su casa u otras posesiones personales.

Si elige la ruta de financiación de la deuda y sus planes de crecimiento no son seguros, podría significar el fin del negocio y un desastre financiero personal para usted y los demás accionistas si no puede cumplir con los pagos. A diferencia de la ruta de inversión de capital, la mayoría de los financiadores de deuda tampoco estarán interesados en presentarles a clientes potenciales.

Reservas

Si tiene reservas en el negocio, quizás ahora sea el momento de utilizarlas. Sin embargo, siempre recomendaría al propietario de un negocio que utilice solo una parte de sus reservas de efectivo, ya que aún necesita una red de seguridad en caso de que algo salga mal.

Fondos de accionistas

Si la empresa ya tiene varios accionistas, podría valer la pena considerar que cada uno invierta el dinero por sí mismo.

Normalmente, esto se haría sobre la base de un porcentaje de propiedad. Por ejemplo, si un accionista posee el 3% del capital social, haría el 3% de la inversión requerida o, de lo contrario, enfrentaría la dilución de su participación actual.

Inversión mancomunada

Otra opción es crear un fondo de inversión, en el que cada miembro del personal realice una inversión de capital. Esto podría estar en los mismos niveles de capital que se indican en la sección de inversión de capital, pero en lugar de ofrecerlo a un solo inversor, se ofrece a varias personas o a una entidad legal creada con el propósito de propiedad conjunta. Si estuviera creciendo en fases, podría utilizar este modelo de inversión para hacer crecer el negocio por fases. Esto normalmente se denomina "rondas de financiación" y se ve con mayor frecuencia en empresas de tecnología de nueva creación.

Un área de preocupación para los fundadores y los inversores iniciales con esta ruta es que su participación accionaria se diluye tanto con cada ronda de financiación que, después de unos años de crecimiento intensivo del negocio, ya no son propietarios de ninguna parte de la empresa.

Esta opción es excelente para lograr la aceptación del negocio; es poco probable que ayude en términos de lo que otros inversores profesionales podrían hacer por el negocio, tanto en términos de experiencia como de presentaciones.

Hay un punto adicional a considerar aquí. Si un accionista posee el 15% del capital social o más, automáticamente tiene derecho a voto. Consideremos que el personal forma una entidad jurídica de propiedad conjunta, y esta entidad jurídica posee el 16% del capital social del negocio. Tendrían voz y voto en cómo se gestiona el negocio. Sin embargo, si a cada individuo se le otorga capital para una pequeña inversión, podría ser menos del 1% del capital por miembro del personal. Obtienes el dinero y también mantienes todo el control del negocio.

En tales casos, es necesario establecer reglas claras con respecto a la inversión (por ejemplo, qué sucede con la inversión de un miembro del personal cuando deja la empresa).

Además, no querrá que un miembro del personal que posee el 0,3% del negocio piense de repente que puede llegar tarde al trabajo o que puede ofrecer los servicios de la empresa a sus amigos a precios de ganga, sólo porque *propio* él. A veces una situación puede hacerle cosas raras a la gente.

Tenga en cuenta que existen reglas muy estrictas sobre cómo puede o no ofrecer una oportunidad de inversión, ya sea a los empleados o al público en general, y debe buscar asesoramiento y apoyo legal en su área local, antes de comenzar este proceso, o de lo contrario puede enfrentará una pena de prisión si se equivoca.

Subsidios

Hay numerosas subvenciones disponibles. Normalmente se basan en industrias en crecimiento o en la contratación de personas.

Estos cambian todo el tiempo, pero la mayoría de las veces es necesario gastar el dinero antes de recibirlo como subvención. En muchas ocasiones, no debes haberte apuntado ya al proyecto, ni tampoco haber gastado el dinero antes de realizar la solicitud. Este proceso puede llevar mucho tiempo y puede requerir recursos considerables para realizar la solicitud.

Asegúrese de que la subvención valga la pena el tiempo que llevará prepararla. Anteriormente pasé alrededor de 300 horas escribiendo una solicitud de subvención, solo para que me la rechazaran por un punto menor. Vale la pena tener en cuenta que, después de todo, es posible que no lo consigas. No confíe todo el éxito de su negocio en obtener una subvención.

Lo mejor que puede hacer es buscar en Internet subvenciones disponibles en su área o dentro de su industria.

Alternativamente, puede pedir ayuda a su asociación comercial o cámara de comercio local si es miembro. Es posible que puedan indicarle la dirección correcta.

Cualquiera que sea la opción que elijas para financiar tu negocio, debes tomarla con mucha planificación previa. Es posible que desee ejecutar las diferentes opciones en una hoja de cálculo, como si estuvieran sucediendo en tiempo real. Vea esto en términos de cifras de ventas, costos, pero también cómo se ve el balance. Imagine un escenario en el que solicita un préstamo pero luego necesita fondos adicionales.

¿Cómo será su balance en el futuro? ¿Podrá conseguir una financiación adecuada en función de su nueva posición? Al hacer los números, agregue algunos escenarios preocupantes, imaginemos que tiene algunos deudores incobrables. Al ejecutar los números de esta manera, es de esperar que pueda comprender los escenarios que podrían suceder y planificar su estrategia de crecimiento en torno a ellos.

Conclusión

Esperamos que este libro le haya dado una idea de algunas estrategias comprobadas para hacer crecer su negocio. La mejor estrategia es planificar con anticipación antes de hacer nada más. Si puedes concentrarte en dónde estás ahora, construye un camino y síguelo, eventualmente terminarás donde quieres estar.

Por supuesto, es posible que te encuentres con obstáculos en el camino, como estoy seguro de que ya los habrás enfrentado, pero si las cosas fueran fáciles, todos los estarían haciendo. Puede que tengas que cambiar tu enfoque, pero mientras mantengas tu objetivo final a la vista y trabajes siempre para lograrlo, los caminos reales que tomes para llegar allí no son tan importantes. Al final llegarás allí.

El crecimiento empresarial no se reduce sólo al dinero. Si una empresa recibe inversión, no garantiza que resulte excelente. ¿Sabías que el 99,7% de las empresas respaldadas por inversores de capital de riesgo ni siquiera superan los dos años, por lo que basar una suposición sobre el crecimiento en "tener el dinero" es simplemente una tontería?

Tener el equipo adecuado, junto con la estrategia adecuada es lo que, en última instancia, hace que el negocio sea un éxito.

Sobre el Autor

Wayne Fox es un renovador de negocios, disruptor de la industria, desarrollador de propiedades comerciales, futurista, autor de best-sellers e inversor. Director del grupo Enyaw, una firma de inversión con sede en el Reino Unido que invierte en *'estilo de vida de libertad'* empresas. Tiene experiencia en lograr un crecimiento de ingresos de 7 y 8 cifras en proyectos de PYME anteriores.

Mis enlaces en línea:

Sitio web de Wayne Fox: www.wayne-fox.co.uk

Grupo Enyaw: www.enyawgroup.com

Capital Enyaw: www.enyawcapital.com

Propiedad Enyaw: www.enyawproperty.co.uk

Linkedin:https://www.linkedin.com/in/waynefoxuk

Gorjeo: https://twitter.com/WayneFoxUK1

Instagram:https://www.instagram.com/waynefoxuk

YouTube:https://www.youtube.com/@WayneFoxUK

Udemy:https://www.udemy.com/user/wayne-fox-6

www.ingramcontent.com/pod-product-compliance
Lightning Source LLC
Chambersburg PA
CBHW052325220526
45472CB00001B/274